뇌가 놀고
싶을 때
숨은그림찾기

주말에 뭐 할까?

그림 **샐리 닉슨**

옥당

" 주말에 뭐 했어? "

- ☐ 초콜릿 바
- ☐ 고양이 먹이 캔
- ☐ 접시 5개

- ☐ 매직펜 5개
- ☐ 견과류병
- ☐ 선글라스 5개
- ☐ 개 2마리

03
- ☐ 'Artist'라고 적힌 이름표 7개
- ☐ 누드화 2점
- ☐ 맨발의 남자
- ☐ 고양이 귀 모양의 머리띠
- ☐ 소설책 《BADASS GALS》 1권
- ☐ 휴대폰

☐ 안경 13개　　☐ 와인 5병
☐ 개

- ☐ 양주용 작은 잔 9개
- ☐ 감자 튀김
- ☐ 'RBF Tall Girl' 캔맥주 9개
- ☐ 담배 'Cigz' 6갑
- ☐ 선글라스를 낀 여자 6명

☐ 핫소스 5병　　　　☐ 와인 1잔　　　　☐ 고양이
☐ 아트쇼 프로그램북 5권　　☐ 모자 6개

05 ☐ 탐폰 10개　☐ 빈 화장지롤 6개　☐ 매직펜 4개
☐ 모니카가 잃어버린 콘택트렌즈　☐ 'RBF Tall Girl' 캔맥주 6개　☐ 숙취로 고생할 것 같은 사람

- [ ] 쥐
- [ ] 누군가 잃어버린 안경
- [ ] 거미 3마리
- [ ] 그래놀라 바

☐ 길 고양이 5마리　　☐ 쥐　　☐ 헤드폰
☐ 음료 'Jumbo Gulps' 9잔　　☐ 핫소스 패킷 9개　　☐ 종교 홍보 전단지 10개

- ☐ 스킨십하는 커플
- ☐ 잠자는 여자 3명
- ☐ 신문
- ☐ 테이크아웃용 종이백 12개

07
- ☐ 반숙 계란프라이 17개
- ☐ 신문
- ☐ 시럽 통 5개
- ☐ 샴페인 9병
- ☐ 분실한 도서관 카드
- ☐ 아스피린 약병 4개

09
- ☐ 생일 모자를 쓴 개
- ☐ 테니스 공 22개
- ☐ 도넛이 그려진 스웨터
- ☐ 물 마시는 개 2마리
- ☐ 플라스틱 원반 7개
- ☐ 케첩병

- 핫도그 도둑
- 졸고 있는 개 2마리
- 개똥 4무더기
- 고양이

□ 모피 모자   □ 푸른 램프   □ 빨간 목걸이
□ 하트 7개   □ 개 3마리   □ 거미 3마리

☐ 옷가게 고양이, 나딘
☐ 열쇠꾸러미 1개
☐ 지구본
☐ 숟가락

☐ 피자 5판　　　☐ 향초 4개
☐ 빨간 컵 9개

☐ 붉은 젤로샷 Jell-O shot 7잔   ☐ 기타   ☐ 야구모자 2개
☐ 애완 너구리   ☐ 'RBF Tall Girl' 캔맥주 5개   ☐ 소금병

☐ 피자 ☐ 플라스틱 원반
☐ 휴대폰 4개 ☐ 재칼로프 (뿔 달린 토끼)

- ☐ 하트 5개
- ☐ 오늘의 도넛 4개
- ☐ 노트북 5대
- ☐ 아주 행복한 쥐

☐ 다람쥐 7마리　　☐ 휴대용 카세트 라디오 5개　　☐ 검정색 운동화 1켤레
☐ 개　　☐ 피크닉 바구니 4개　　☐ 오리

- 플라스크 (위스키 등을 나눠 담는 병)
- 열쇠 꾸러미 6개
- 울새 (몸은 갈색, 가슴 부분은 붉은색) 6마리
- 거북이

☐ 테이크아웃 커피 컵 7개   ☐ 물뿌리개 8개   ☐ 삽 2개
☐ 거북이   ☐ 빨간 선글라스   ☐ 백팩 2개

☐ 원예용 장갑 2짝　　☐ 찢어진 비료 부대 3개
☐ 나비 6마리　　　　☐ 쥐

☐ 열쇠 꾸러미 4개　　☐ 런닝머신 'Fast Foot 5000' 기종
☐ 수건 19장　　　　　☐ 치즈버거 2개

| ☐ 'RBF Tall Girl' 맥주 1상자 | ☐ 비치타올 10장 | ☐ 자외선 차단제 7개 |
| ☐ 물총 7개 | ☐ '주의(caution)' 테이프 | ☐ 헤드폰 4개 |

- 가위
- 시리얼 그릇 3개
- 테니스 공 4개
- 땅콩버터병
- 분홍색 슬리퍼 두 짝
- 식물 7개

☐ 옷걸이 6개　　☐ 티슈 2곽　　☐ 빨간 물방울무늬 팬티
☐ 빨간 로퍼 두 짝　　☐ 누드브라 4개

01

02

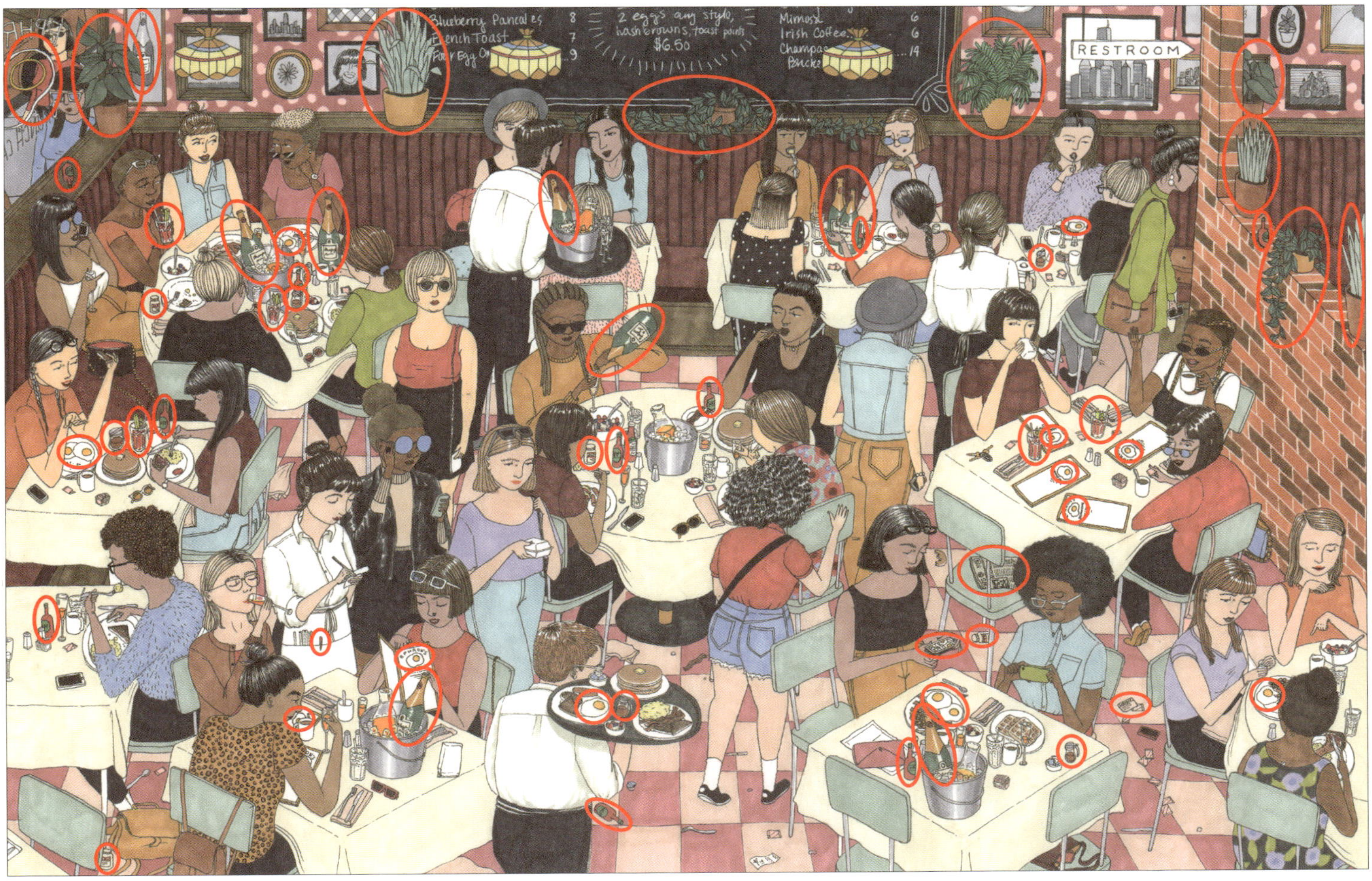
Blueberry Pancakes 8
French Toast 7
Four Egg Om... 9
2 eggs any style, hash browns, toast points $6.50
Mimosa 6
Irish Coffee 6
Champa... Punche... 14
RESTROOM

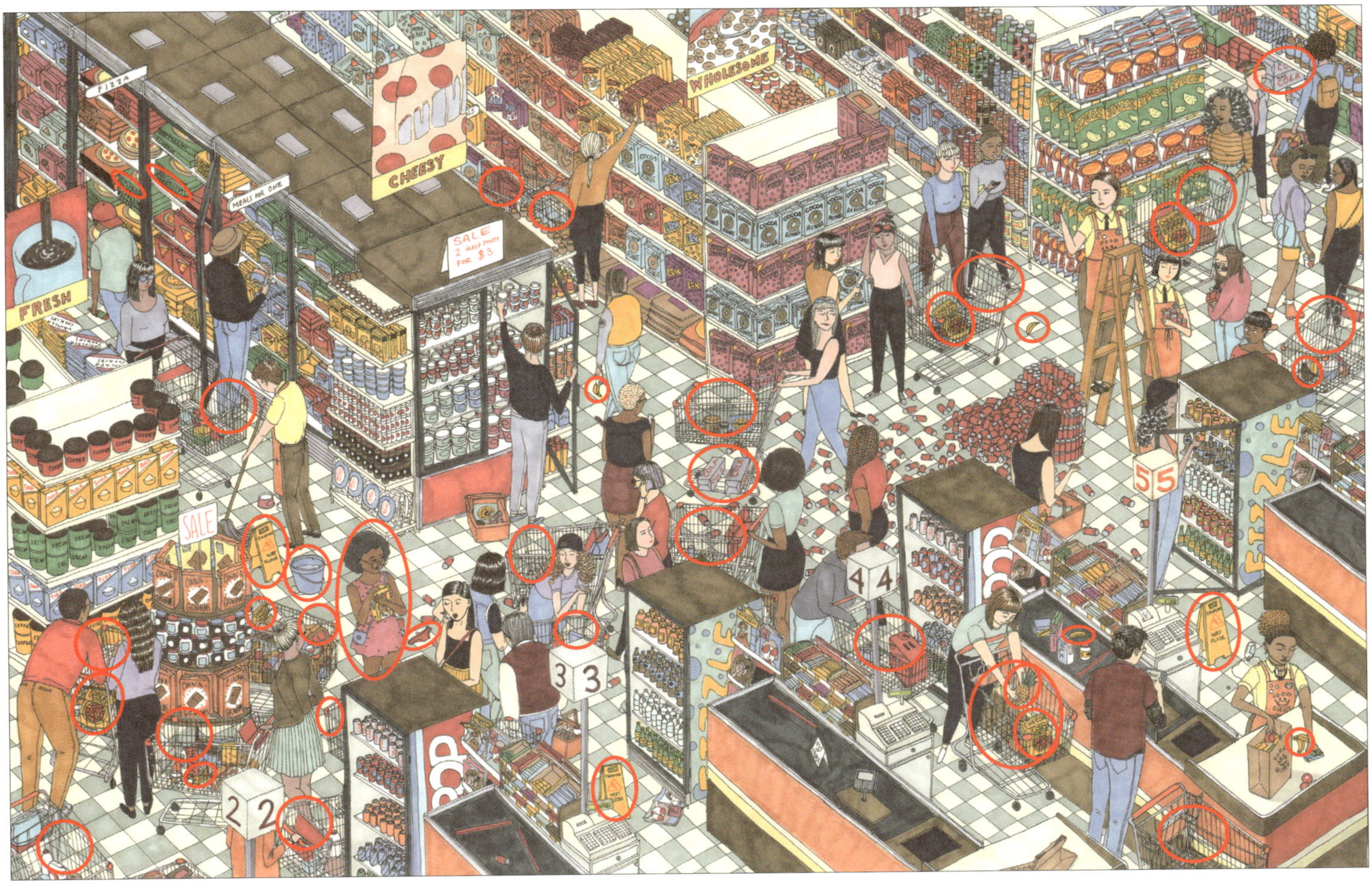
CHEESY
WHOLESOME
FRESH
SALE
2
3
4
5

11

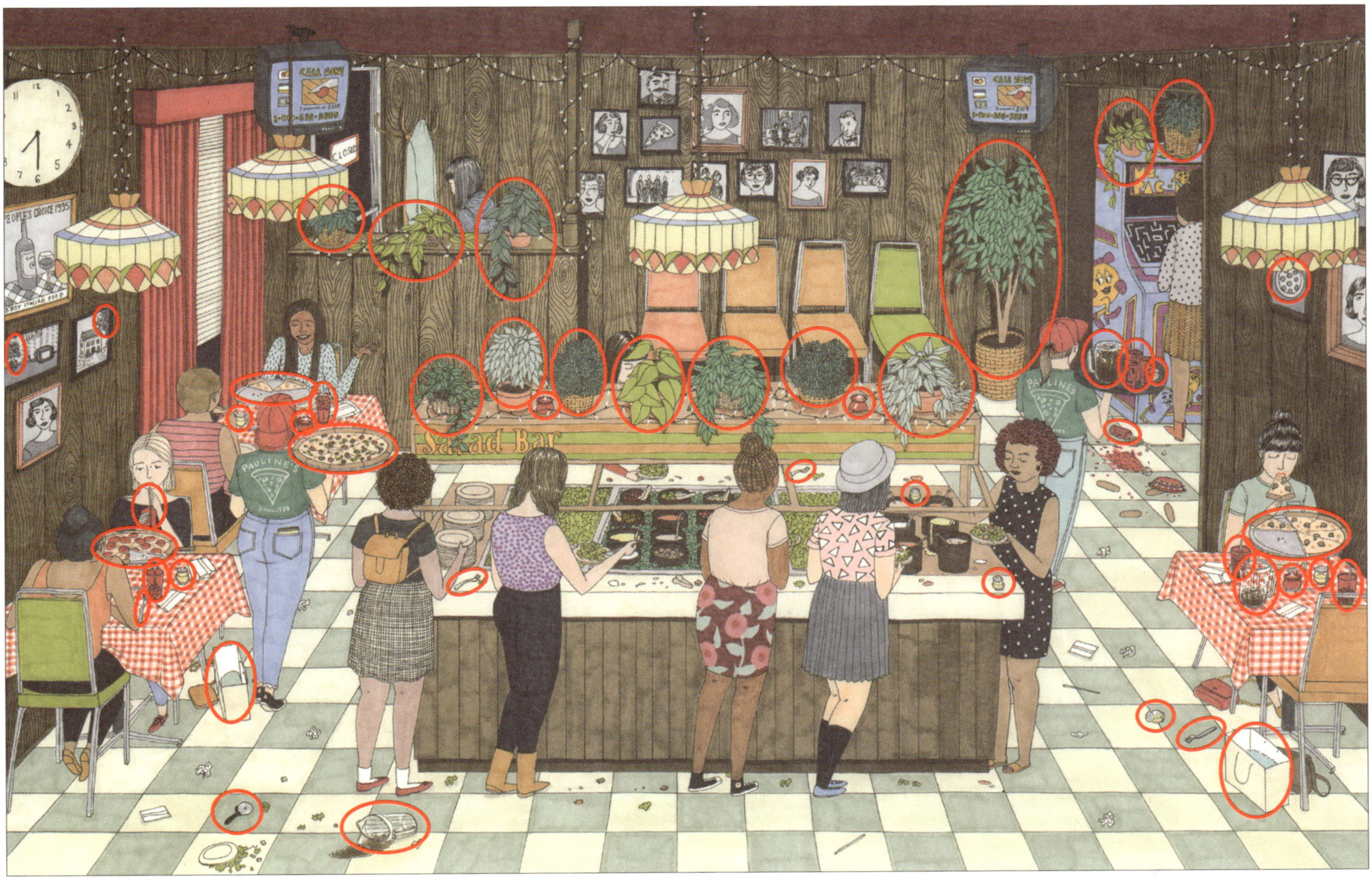

12

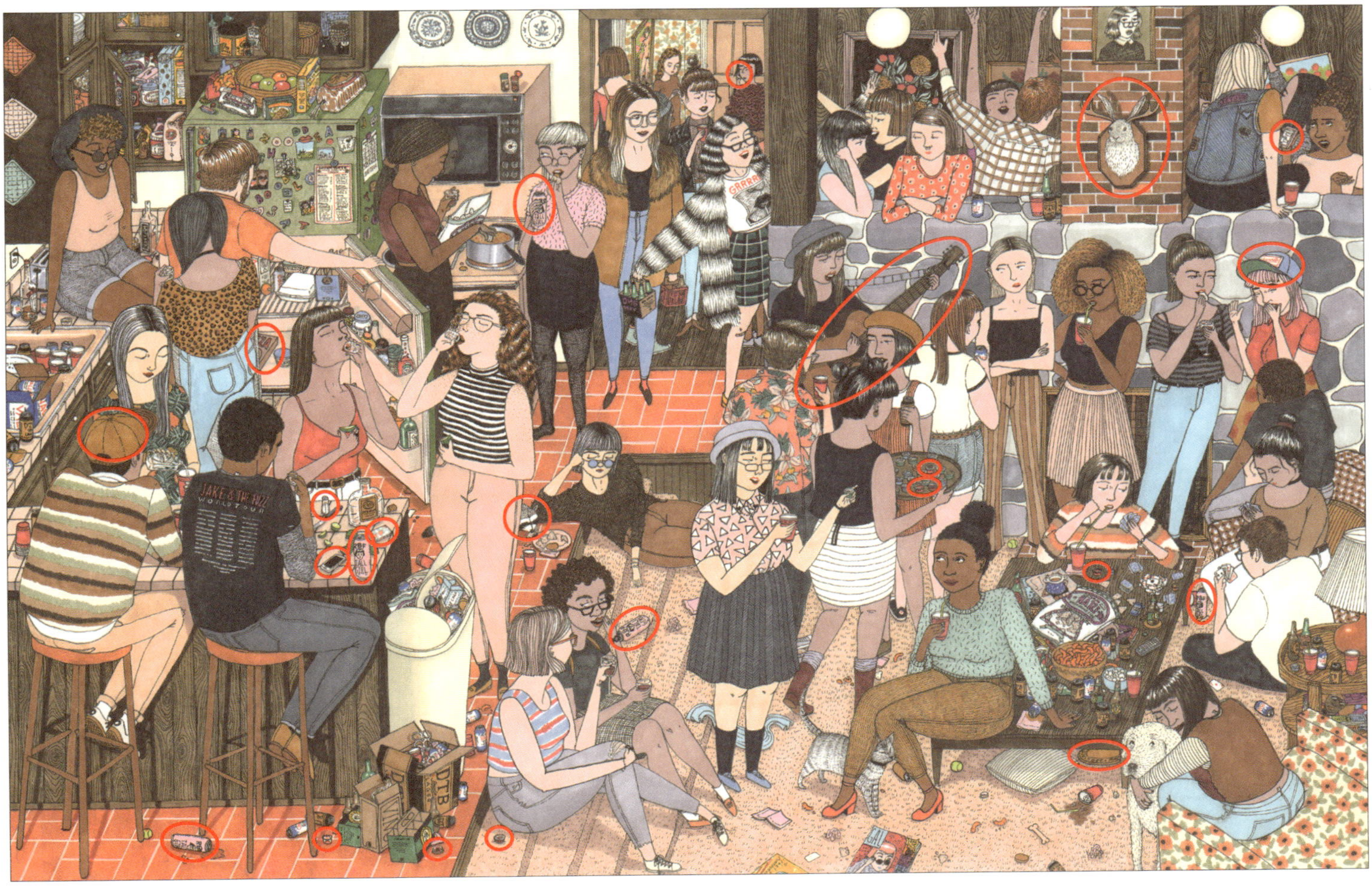

13

14

15

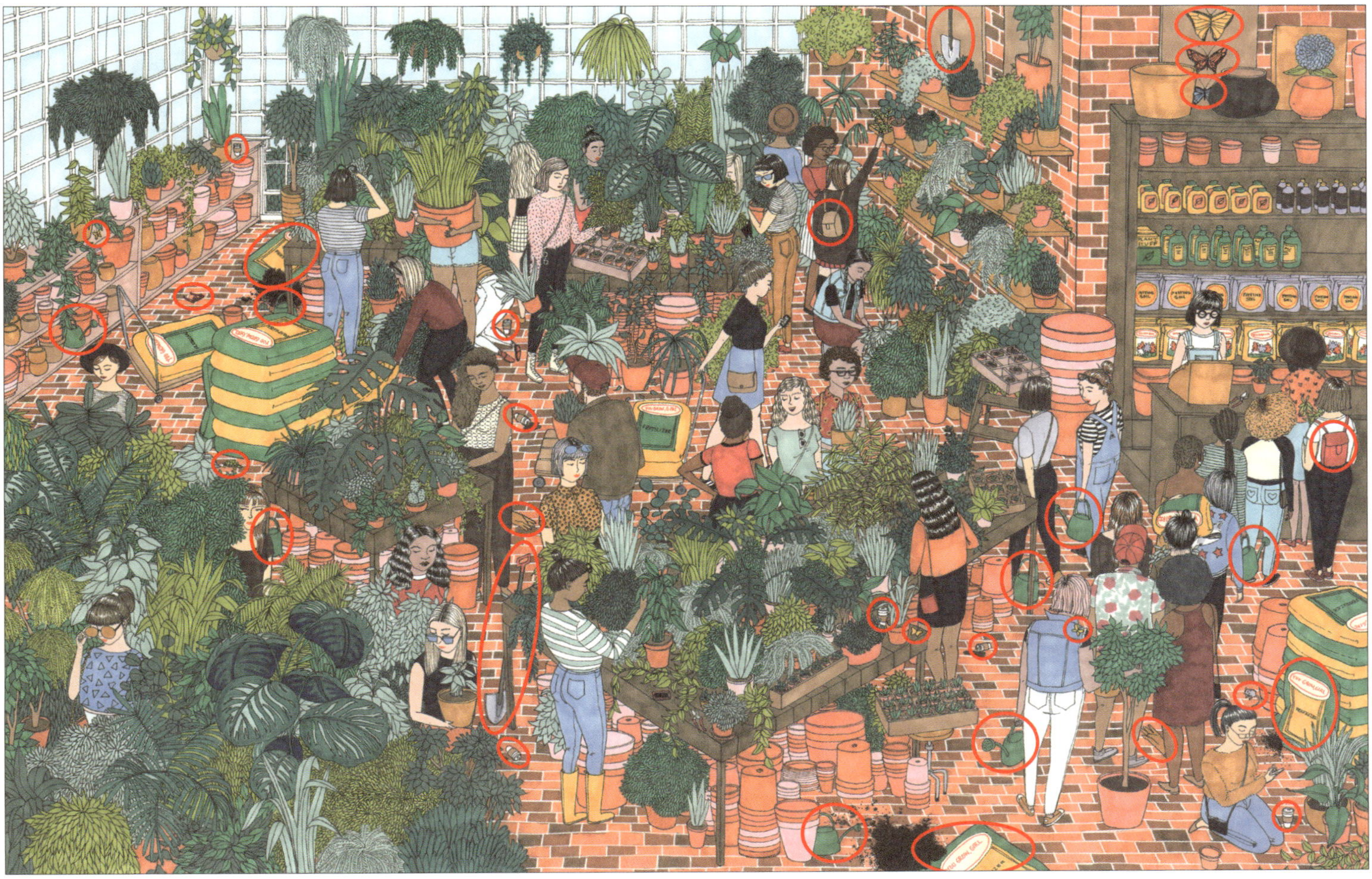

16

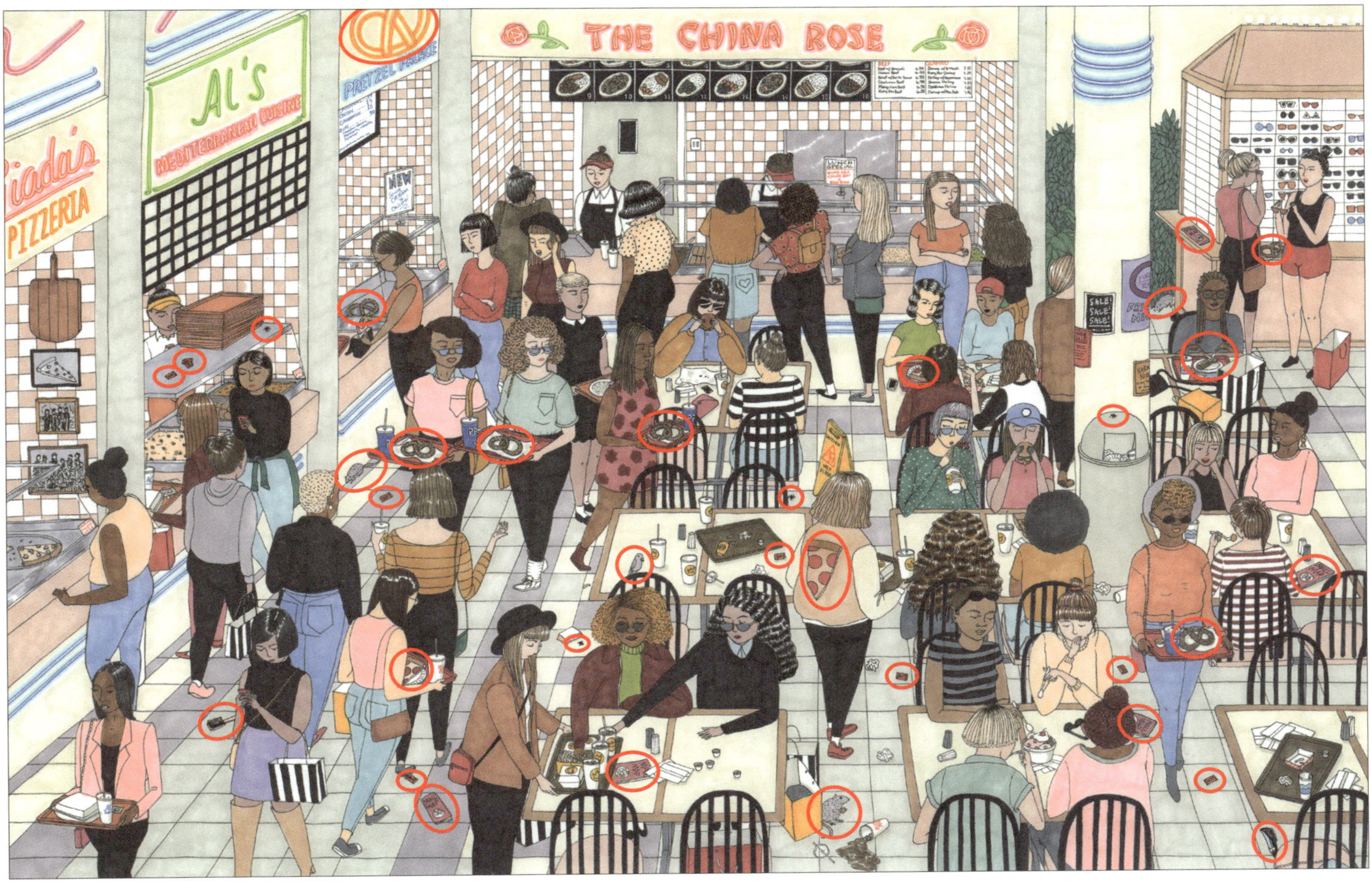
THE CHINA ROSE
AL'S
MEDITERRANEAN CUISINE
PIZZERIA
SALE
SALE
SALE

"뭐 별로 한 거 없어."

HOUSEPLANTS AND HOT SAUSE

Copyright©2017 by Sally Nixon
All rights reserved. First published in English by Chronicle Books LLC, San Francisco, California.

Korean translation rights arranged through Icarias Agency.
Korean translation ©2016 by Okdang Books Inc.

이 책의 한국어판 저작권은 Icarias Agency를 통해 Chronicle Books LLC.와 독점 계약한 도서출판 옥당에 있습니다.
저작권법에 의해 한국 내에서 보호를 받는 저작물이므로 무단 전재와 복제를 금합니다.

뇌가 놀고 싶을 때 숨은 그림 찾기
주말에 뭐 할까?

그린이 샐리 닉슨

1판 1쇄 인쇄 2017년 12월 13일
1판 1쇄 발행 2017년 12월 23일
발행처 도서출판 옥당
발행인 신은영

등록번호 제396-2008-000013호
등록일자 2008년 1월 18일

주소 경기도 고양시 일산동구 무궁화로 11 한라밀라트 B동 215호
전화 (02)722-6826 팩스 (031)911-6486

이메일 okdang@okdangbooks.com
홈페이지 www.okdangbooks.com
블로그 blog.naver.com/coolsey2

값은 표지에 있습니다.
ISBN 978-89-93952-87-2 13690

이 도서의 국립중앙도서관 출판시도서목록(CIP)은 서지정보유통지원시스템 홈페이지(http://seoji.nl.go.kr)와
국가자료공동목록시스템(http://www.nl.go.kr/kolisnet)에서 이용하실 수 있습니다.
(CIP제어번호: CIP2017033251)